DE LA LIBERTÉ ET DE L'AVENIR

DE LA

RÉPUBLIQUE FRANÇAISE

Par M***.

EXTRAIT DU CORRESPONDANT.

PARIS

IMPRIMERIE D'E. DE SOYE ET Cᵉ,

RUE DE SEINE, 36.

1850

DE LA LIBERTÉ ET DE L'AVENIR

DE LA RÉPUBLIQUE FRANÇAISE

PAR M***.

C'est le droit et peut-être le devoir des esprits calmes et des bons citoyens de jeter le poids de leur conviction dans la balance où les peuples de la vieille Europe pèsent aujourd'hui leurs destinées. Jamais la raison publique ne s'est aplatie dans un scepticisme plus décourageant; jamais on n'a essayé de la corrompre par une plus vile débauche d'opinions. Elle ressemble à un vaisseau sans gouvernail et sans lest, livré aux caprices d'une mer tourmentée; les flots des erreurs diverses et des doctrines contradictoires se la passent comme un vain jouet, et la conduisent en grondant vers les écueils et les abîmes.

Voyez, en effet, et prêtez l'oreille : les uns s'accusent d'avoir été surpris et trompés par un coup de main; les autres se plaignent, au contraire, qu'on ne les laisse pas aller aussi loin qu'ils l'avaient prémédité. Ceux-ci proposent d'avancer, fût-ce dans le sang; ceux-là veulent revenir sur leurs pas. Ici, l'on croit que rien ne se recommence dans la vie des sociétés, que les aspirations du présent deviendront la loi de l'avenir, et qu'il faut, de bonne grâce, en préparer le triomphe et le règne. Là, on dit que les novateurs ne prêchent rien de praticable ni de généreux, mais des utopies absurdes et avilissantes; que les peuples vivent de traditions, et qu'on a déjà bien trop changé en France depuis soixante ans.

[1] Paris, chez Jacques Lecoffre, libraire-éditeur.

Ailleurs, on rêve je ne sais quelle savante pondération des choses, un compromis entre le passé, le présent et l'avenir, un système complexe qui donnerait à chacun une satisfaction partielle, en imposant à tous de mutuels sacrifices. J'en connais qui doutent, sinon de la liberté en elle-même, au moins de la plupart de ceux qui la réclament. J'en connais qui ne veulent accepter maintenant de réformes à aucun prix, parce que des réformes ne se produiraient guère qu'avec lésion d'intérêts ou de droits établis, et parce que l'édifice social est si ébranlé qu'on n'en touchera pas désormais les assises sans déterminer peut-être un suprême écroulement. Enfin l'ignorance, qui rend les masses trop accessibles à la séduction, la peur, qui assure au désordre la complicité de tant d'honnêtes gens, l'égoïsme et la mauvaise foi, qui, à des degrés divers, se glissent dans les partis rivaux : tout contribue à répandre l'incertitude et à déconcerter le patriotisme le plus sincère.

Aussi, de tous les points de l'horizon politique, les hommes éminents se sont vus obligés de venir en aide à la raison troublée jusque dans ses profondeurs intimes et ses croyances les mieux assises. Et ce n'est pas une faible preuve de la gravité de notre situation que le caractère des vérités ou des problèmes qu'ils abordent et des solutions qu'ils proposent. Il leur faut venger contre tout un peuple d'insulteurs cyniques des doctrines qui n'étaient combattues autrefois que par des négations isolées, et que la conscience du genre humain protégeait alors suffisamment en les couvrant d'une foi robuste. Il leur faut dégager et mettre en évidence des principes qui sont la lumière de notre esprit, la splendeur même du bon sens, et que des génies chétifs ou pervers essayent d'étouffer sous de ténébreux sophismes. Quelle honte pour ce siècle si fier de lui-même, qu'il soit besoin de le ramener à cet enseignement tout élémentaire ! Et nous le dirons parce que cela est vrai, et qu'on peut le démontrer avec une suprême rigueur, quelle honte surtout qu'il n'y ait souvent entre ceux qui défendent la société et ceux qui l'attaquent d'autre différence que celle de l'intention, tous partant de faux principes, les uns dans la pensée d'aller jusqu'au bout, les autres dans la pensée de s'arrêter en chemin, comme si la raison humaine se laissait faire, et comme si on pouvait museler la logique des nations !

Voici du moins un livre qui échappe à ce reproche. En le pressurant, on n'en extraira pas la théorie de la force brutale, la doctrine des faits accomplis et la religion du succès, toutes choses qui remplissent et animent la plupart des écrits composés pour défendre la propriété, pour recommander l'union entre les partis, et inspirer la confiance en telle ou telle forme de gouvernement. Au reste, l'auteur s'est trouvé naturellement placé dans le vrai par le caractère de ses convictions comme par l'éminence de son talent : prince de l'Eglise, sa foi religieuse, lui servant de lumière et de règle, a doublé la puissance de son esprit déjà si net et si ferme. De plus, étranger à notre nation, je ne dis pas à notre langue, qu'il manie habilement, placé en dehors des intérêts qui agitent la France, il peut juger les événements avec l'impartialité tranquille d'un spectateur désintéressé et regardant de haut et de loin. A la vérité, il expose et défend des idées qui ne réunissent pas en ce moment toutes les sympathies ; mais il a pour but d'instruire et non de flatter. Il est de l'école et du pays de J. de Maistre.

Le livre *De la liberté et de l'avenir de la République française* est écrit sous forme de lettres et avec l'élasticité de méthode que comporte le genre épistolaire. Si l'on réduit ce travail à sa plus simple expression, il se résume dans les questions et les réponses suivantes :

Qu'est-ce que la France recherchait dans ces aspirations inquiètes qui ont abouti à la révolution de Février ? — La liberté, cette liberté qui assure le développement de tous les nobles instincts et le triomphe des intérêts généraux et individuels.

La forme politique que les Français viennent de choisir est-elle la plus propre à les conduire au but qu'ils voulaient atteindre ? — On peut soutenir la négative par d'excellentes raisons.

Avant d'établir ces conclusions et pour y préparer l'esprit des lecteurs, l'écrivain débute en constatant un fait dont personne n'a perdu le souvenir : c'est qu'après avoir décrété la République on cherchait partout des républicains, et que n'en trouvant pas on voulait absolument en improviser un assez grand nombre. Reportez-vous plutôt à certaines circulaires. En revanche, nous avouerons que les avenues du pouvoir étaient encombrées d'hommes se proclamant républicains de conscience et même de naissance. Mais des convictions si bruyantes et manifestées si à propos laissaient douter de leur sincérité et de leur force ; elles ne purent inspirer qu'une chétive confiance, en sorte que la nation prit une attitude inquiète et troublée, et qu'après avoir de vive force, comme dit notre auteur, « forgé une République pour la France, il fallut forger une France pour la République. » A pareille œuvre, le génie de nos hommes d'Etat s'est trouvé inégal, et cela devait être ; car la France n'est pas seulement un pays d'initiative, c'est aussi un pays de tradition, et son passé est assez glorieux pour qu'elle tienne à ne pas rompre avec les institutions qui l'ont rendue si illustre.

Quoi qu'il en soit, voyons avec notre auteur ce que la France ambitionnait avant Février. Est-ce, comme il le prétend, la liberté et non l'égalité? Ce qu'il y avait dans les désirs de la France, il nous semble difficile de le préciser. Elle-même l'ignorait assurément ; car il est impossible que trente-cinq millions d'hommes ne trouvent pas ce qu'ils cherchent, et lorsqu'ils trouvent le contraire, c'est qu'en vérité ce qu'ils cherchent ils ne le savent pas bien. Or, c'était justement notre situation avant Février, et l'on nous avait nommés à bon droit *une nation qui s'ennuie.*

Toutefois, s'il faut interpréter des aspirations si indécises, nous dirons, à l'encontre de l'honorable auteur, que la France rêvait d'égalité encore plus que de liberté. En général, elle sacrifie aisément une part de ses libertés, sauf à reprendre dans un jour d'audace ce qu'elle a perdu dans un jour de peur ; elle tient davantage à l'égalité, et si on veut bien y faire attention, c'est surtout au nivellement que ses efforts tendent depuis soixante années. Voyez même ce qui se passe aujourd'hui : qui oserait mettre la main sur le suffrage universel, expression de l'égalité politique? et qui ne voit, au contraire, combien d'hommes sont prêts à faire des concessions plus ou moins motivées, au détriment de la liberté? Et certes, sous ce dernier rapport, les moins rétrogrades ne sont pas ceux qui croient former le parti du mouvement ; ainsi les socialistes marchent, sans le savoir, à une effroyable tyrannie ; car il faut le prestige que les mots inconnus exercent sur l'esprit des masses, il faut toute la légèreté aventureuse qui caractérise notre nation pour qu'on se dissimule ce qu'il y a de violent et de despotique dans le principe fondamental du socialisme.

Du reste, l'auteur lui-même est amené à reconnaître que la liberté n'est pas, en France, la plus chère idole de la classe prépondérante. Quatre de ses lettres ont pour but d'établir que la bourgeoisie, se recrutant parmi le peuple et soutenue par les débris de la noblesse, a longtemps dominé l'opinion; que, durant les jours de son empire, elle s'est montrée exclusive et particulière ennemie de la liberté religieuse; que la liberté, exilée de l'Europe, a cherché un refuge en Amérique où elle règne avec plénitude d'autorité. Or, si l'on doit dire que la France aspire à la liberté parce qu'elle n'a pas tout ce qu'elle en pourrait avoir, on doit dire aussi qu'elle n'y tient que médiocrement, puisqu'elle ne prend pas tout ce qu'elle en pourrait prendre.

Au surplus, qu'un homme d'esprit, voyant la France de loin, apprécie avec plus ou moins de justesse nos tendances actuelles et les battements de cœur de notre patrie, là n'est pas la question; il s'agit de savoir si les principes qu'il invoque sont vrais et les conséquences qu'il en tire inattaquables. Et d'ailleurs, il est sûr que la liberté ne reste pas étrangère aux aspirations et aux mouvements révolutionnaires de la France. Quelle espèce de liberté veut-elle donc? Voilà ce qu'on peut demander.

L'auteur fait ressortir la différence qui existe entre la liberté civile et la liberté politique. Cette distinction essentielle et tout élémentaire ne peut être ignorée ou mise en oubli sans les plus graves inconvénients. Par malheur, elle est à peu près inconnue à la foule qui parle de liberté, et qui n'entend guère par ce mot que le moyen de chercher du plaisir et de l'argent sans rencontrer la police. La liberté civile se conçoit comme un but par rapport à la liberté politique; c'est elle qui, en réalité, crée la prospérité de l'individu et de la famille, elle est un précieux instrument de jouissance, elle agrandit l'homme et le civilise. Maître de sa personne dont il dispose à son gré, de son temps qu'il emploie comme il veut, de son activité qu'il consacre au genre de travail qui lui plaît, de sa destinée qu'il tient isolée dans le célibat ou qu'il associe à une autre dans le mariage, de sa pensée qu'il exprime et publie par la parole ou par la presse, de sa conscience dont il offre à Dieu l'hommage spontané : voilà l'homme possédant la liberté civile. Mais il va sans dire qu'elle n'est ni ne peut être complète et absolue, en ce qu'elle n'est ni ne peut être affranchie des formalités et du contrôle des lois civiles qui la déterminent et la protégent.

La liberté politique se conçoit comme le moyen d'obtenir et de sauvegarder la liberté civile. Elle est pour l'homme le droit de mettre la main à ses propres affaires, en tant qu'elles sont engagées dans les affaires publiques : par exemple, de concourir, directement ou par délégué, à la confection des lois; de consentir, de surveiller l'emploi des deniers de l'Etat; de créer un pouvoir exécutif, en lui traçant ses conditions d'existence et d'exercice. Ainsi, la liberté politique est, à proprement parler, une fonction dispendieuse et fatigante, un fardeau ; elle arrache l'homme à son champ, à son atelier, à sa famille, pour l'appliquer à la chose publique. Voilà pourquoi les masses, en général, tiennent peu à ce genre de liberté. Dans Athènes, la menace d'une amende ne suffisait pas pour déterminer les citoyens à prendre part aux élections; il fallait les payer à raison de 3 oboles par séance. A Rome, le peuple abandonnait les comices pour courir aux spectacles; les ambitieux étaient obligés d'acheter les suffrages, ou même de pousser les récalcitrants au Forum à coups de bâton. En France, si les différents partis se plaignent de quelque chose au sujet des élections, c'est que leurs coreligionnaires politiques désertent le scrutin et laissent la victoire aux adversaires.

On ne saurait en disconvenir : le peuple, en général, se montre plus jaloux de la liberté civile que de la liberté politique. C'est que la première s'applique d'une manière immédiate et sensible aux intérêts de la famille et de l'individu, tandis que la seconde n'exerce sur les mêmes intérêts qu'une influence indirecte et difficilement appréciable. Aussi les masses comprennent peu la liberté politique, et elles ne savent pas du tout s'en servir. La preuve, c'est qu'elles n'en furent jamais armées sans devenir à l'instant la proie des ambitieux et sans tomber ensuite sous la main d'un despotisme quelconque. En effet, la souveraineté, éparpillée et pour ainsi dire flottant à la surface des sociétés où la liberté politique est très-développée, les expose à deux périls inévitables et permanents; car, d'un côté, elle appelle les convoitises de tout homme qui a des richesses ou qui compte sur son génie et sur son audace; de l'autre, elle appelle un bras puissant qui ramasse et retienne en faisceau les forces dispersées du pays. Ainsi donc, ou bien des scélérats hideux qui se disputent et s'arrachent le pouvoir, en marchant à tâtons sur le corps déchiré de la patrie; ou bien un despote qui chasse ces médiocrités féroces et ferme le gouffre de l'anarchie en y jetant la liberté politique : il n'y a nul moyen de salut hors de cette alternative.

Si vous résistez à ces déductions, du moins vous admettrez les faits : interrogez l'histoire. Partout sur son passage la liberté politique, indiscrètement étendue et mal organisée, souleva des agitations sanglantes;

elle fut toujours attaquée et succomba promptement dans les grandes républiques; elle ne put même durer dans les petits Etats qu'en leur créant les plus orageuses destinées et en frappant d'un ostracisme jaloux toutes les supériorités. Que se serait-il donc passé si l'esclavage, en soustrayant à la vie politique plus de la moitié du genre humain, n'eût diminué d'autant les chances de désordre et les principes de lutte au sein des sociétés païennes? Rappelez-vous Rome précipitant du haut de la roche Tarpéienne les citoyens coupables ou suspects d'aspirer à la tyrannie; Rome sans cesse troublée par la parole des tribuns qui pouvaient mettre quelque talent au service de leur ambition; Rome emplie de désordre et de sang par les fureurs rivales de Marius, de Sylla, de Pompée, de César, d'Antoine et d'Octave! Rappelez-vous les républiques de la Grèce n'échappant guère à des oppresseurs, malgré une foule de précautions pleines d'un despotisme plus absurde et plus intolérable que celui des rois! Lacédémone subit une législation qui la fixe dans la barbarie et la condamne à ne jamais sortir impunément de ses étroites frontières; qui abaisse les supériorités sous le niveau d'une éducation brutale et les étouffe dans les flots du brouet noir; qui sacrifie entièrement la liberté civile à la liberté politique, supprime l'homme pour ne conserver que le citoyen, et fait du citoyen l'égal à peu près d'un esclave. Athènes possède un peu plus de liberté civile, mais aussi, par compensation, un peu moins de liberté politique; encore en a-t-elle trop, si l'on prend pour mesure son intelligence et sa sagesse; car elle devient ou peut devenir sans peine l'instrument des hommes illustres. Aussi, par le fait même de leur génie ou de leur vertu, ils sont placés sous le coup d'une prévention légale; l'exil ou la mort débarrasse Athènes du fardeau de ses grands citoyens, et il faut l'avouer, quand elle ne se montre pas lâchement ingrate, elle perd presque toujours son indépendance. Aristide, Miltiade, Thémistocle, Socrate, éprouvent ses rigueurs; Pisistrate, Hipparque, Périclès, lui donnent des entraves.

Au moyen âge et dans les temps modernes, la liberté politique est-elle mieux inspirée et plus paisible? Les républiques italiennes se font des guerres atroces; elles se déchirent de leurs propres mains les entrailles; chaque ville a ses partis acharnés qui se renvoient la proscription et la mort. Il faut que des factieux ou de grands citoyens, les Monaldi, les Manfredi, les Beccaria, les Médicis, se rendent maîtres du pouvoir pour n'en pas devenir victimes, et remplacent l'anarchie par le despotisme ou l'usurpation. Plus près de notre époque, l'Angleterre montre Cromwell ; de son côté, la France, après le douloureux essai d'une liberté politique violemment conquise, abdique entre les mains d'un consul, et bientôt d'un empereur, en attendant des monarchies plus ou moins constitutionnelles.

Il est vrai, on cite avec un juste éloge les Etats-Unis. Mais d'abord, soixante années sont très-peu de chose dans la vie d'un peuple et ne permettent pas de porter un jugement absolu sur la viabilité de ses institutions. Ensuite, les institutions qui sont bonnes pour un peuple ne conviennent pas au même degré à un autre peuple. Ainsi, à la différence des pays de la vieille Europe, les Etats-Unis n'ont aucune tradition, aucune racine dans le passé : ils ne peuvent donc éprouver les tiraillements réservés aux grandes nations qui changent ou modifient profondément leurs habitudes politiques. Enfin, il est permis de penser que la paix et la prospérité actuelles de la république de Washington tiennent plus aux conditions économiques où elle est placée qu'à la forme de son gouvernement : elle connaîtrait les révolutions dès aujourd'hui si ses habitants se sentaient étouffer sur un sol trop étroit. Par conséquent, la tranquillité momentanée et exceptionnelle des Etats-Unis ne détruit pas les conclusions tirées de l'expérience générale, et l'on peut affirmer en principe que le développement de la liberté politique s'opère toujours au préjudice de la liberté civile et prépare ordinairement, au sein d'un vaste pays surtout, l'anarchie ou le despotisme.

D'après cela, quelle espèce de liberté demandait la France avant 1848 ? Elle demandait une plus grande somme de bien-être pour quelques-uns de ses enfants, une plus large application de la liberté civile et politique pour quelques autres. En effet, quoi qu'on pense de la Révolution de 89, quelque sympathie ou aversion qu'inspirent son principe, ses moyens et ses résultats, elle est passée à l'état chronique. Elle vit et respire dans les lois, dans les mœurs, dans les esprits ; son souffle circule dans l'air qui nous environne. Elle domine et nous pousse en avant. Il y a, d'ailleurs, dans les faits une logique secrète et providentielle qui protége les doctrines contre l'inconséquence des hommes, et qui ne permet pas qu'on exploite les principes dans un intérêt personnel, en les prêchant et en les acceptant sous bénéfice de réserves égoïstes. Ainsi, comme on avait demandé et obtenu en 89 l'égalité civile, on demandait récemment la réforme électorale, d'abord à titre de justice et de bonne logique, ensuite comme moyen de corriger des abus et d'arriver à une plus équitable répartition du bien-être. La réforme électorale, c'est-à-dire l'égalité politique, a été proclamée en Février ; il ne reste donc plus qu'à réaliser l'extrême conséquence des doctrines régnantes, c'est-à-dire l'égalité devant le bien-être. Voilà ce que plusieurs veulent en fait et totalement, sous le mot de communisme, ce que d'autres ne veulent aujourd'hui qu'en principe et partiellement sous le mot de socialisme, ce que le reste de la nation repousse de toute la force de ses instincts et de son bon sens, mais non pas, il faut bien le dire, de toute la force de ses principes, car elle est plus révolutionnaire qu'elle ne le croit généralement.

Mais enfin laissons de côté cette force qui est dans les choses et qui, par un jour de tempête, pousse les nations d'un siècle en avant ; laissons de côté cette minorité criminelle qui, dans sa turbulence, brave toutes les transitions et enjambe résolument tous les droits pour arriver de suite à la suppression de tous les devoirs et à la satisfaction de tous les appétits, et admettons, avec l'auteur *de la Liberté et de l'avenir de la République française*, que la France recherchait une liberté qui assurât le triomphe et le développement des intérêts de tous et de chacun. Il reste à savoir, en second lieu, si la forme politique récemment adoptée par les Français leur donnera ce qu'ils en attendent. L'auteur ne le présume pas, et il déduit les principales raisons qui motivent son jugement.

Ainsi, des principes précédemment énoncés, il conclut en général que la république est moins favorable que la monarchie aux libertés civiles, aux éléments de progrès et de civilisation, à la force et à la prospérité des Etats ; il conclut en particulier que la France, si elle veut conserver la forme républicaine de son gouvernement actuel, doit renier son passé glorieux et changer le cours de ses destinées. Ces conclusions sont développées dans une suite de lettres où l'histoire, cette maîtresse de la vie, apporte ses grands enseignements.

Jusqu'ici, dans tous les pays républicains, l'égalité, prérogative essentielle de la liberté politique, a été attaquée, compromise, enfin détruite par divers moyens d'influence auxquels il est impossible de se soustraire, parce qu'il est impossible de jeter et de maintenir les hommes sous un même niveau. Quoi qu'on fasse, le degré d'intelligence, la force de caractère, la fortune, le vice et la vertu contribueront toujours à troubler l'égalité politique. Il n'y avait pas d'égalité politique à Rome quand les Gracques, Marius, Sylla, Pompée pouvaient se présenter au Forum avec cent mille clients plus ou moins stupides; il n'y avait pas d'égalité politique à Venise, à Florence, à Gênes, quand les suffrages d'une partie de la population étaient acquis et comme inféodés à quelques familles puissantes. Le péril de l'inégalité est si flagrant que, pour la prévenir, les républiques se sont armées de mesures farouches comme l'ostracisme, l'exil, la confiscation, et qu'elles ont été constamment occupées à la réprimer, au moyen des assassinats, des émeutes et des guerres civiles.

Aussi tout homme qui s'élevait au-dessus de ses concitoyens par la valeur dans les combats, par le génie politique ou la vertu, s'expatriait bientôt pour échapper à une condamnation injurieuse et peut-être à la mort. « C'est le vice commun des républiques, dit un ancien, que l'envie s'y fait compagne de la gloire, qu'on y parle mal des hommes éminents, que le pauvre s'y montre blessé de l'opulence d'autrui. De là vient que Chabrias se tenait éloigné d'Athènes le plus longtemps possible. Il n'était pas le seul à s'absenter ainsi : presque tous les premiers citoyens de cette ville agissaient de même, persuadés que, se dérober aux regards de la multitude qu'ils avaient servie, c'était le seul moyen d'échapper à sa malignité jalouse. C'est ainsi que Conon passa la plus grande partie de sa vie dans l'île de Chypre, Iphicrate dans la Thrace, Timothée à Lesbos, Charès au promontoire de Sigée. » Quelle joie et quelle gloire de vivre dans les républiques, où les masses sont perpétuellement occupées à maintenir l'égalité, en coupant l'échelle sociale juste à leur propre hauteur!

Mais si les républiques ont eu tant de peine à pratiquer l'égalité, du moins elles auront pratiqué la liberté civile? Pas le moins du monde. A Sparte, nul ne pouvait parler en public avant l'âge de trente ans, et s'il n'avait été préalablement reconnu irréprochable dans sa conduite et dans ses mœurs. Chez les Athéniens, on n'était admis à prendre la parole dans les délibérations publiques qu'après avoir répondu honorablement aux questions suivantes : N'avez-vous point dissipé l'héritage de vos pères? Avez-vous des enfants légitimes? Etes-vous propriétaire de quelque bien dans l'Attique? A Rome, lorsque la discussion d'une loi était ouverte, la parole n'appartenait qu'aux magistrats et à ceux que les magistrats croyaient utile de laisser prendre part au débat ; une loi des Douze Tables condamnait à mort l'auteur de tout écrit injurieux pour le prochain. En somme, dans les républiques de l'antiquité, des mesures préventives et répressives d'un caractère rigoureux restreignaient considérablement la liberté de la parole publique. Que serait-il donc advenu de la presse quotidienne, si elle eût existé ? Et si nous étions soumis à la législation des anciennes républiques, que d'hommes en France ne pourraient ni parler ni écrire sur les questions d'intérêt général !

Tout ce qui se rattache à la liberté civile, par exemple la culture des lettres, des sciences et des beaux-arts, le développement de la richesse, le luxe, cet ensemble de merveilles qu'on nomme progrès et civilisation, ces choses furent négligées et mises en oubli dans les pays républicains, aussi longtemps qu'ils se montrèrent attachés à leur organisation purement démocratique. Sparte vécut et mourut barbare : l'immobilité était si évidemment la loi de son existence que le philosophe Antiphane, ayant vu les Lacédémoniens changer la couleur de leur coiffure, prédit leur prochaine décadence, et l'événement lui donna raison. Athènes put cultiver les sciences et les arts, parce que les lois accordaient à la richesse une certaine prépondérance en lui réservant les magistratures, et créaient dans le Sénat et dans l'Aréopage une aristocratie influente. Encore est-il vrai de dire que les Athéniens ne connurent les douceurs de la civilisation que lorsqu'un grand homme tel que Périclès eut rompu l'égalité politique, en exerçant sur ses concitoyens la dictature du génie. Rome demeura longtemps étrangère aux beaux-arts. Quand elle eut des orateurs et des poëtes, ses généraux lui avaient déjà ravi son antique liberté, qui ne paraît entière qu'à l'époque des Fabius et des Curius Dentatus. Quand la civilisation et les lettres entrèrent à Rome par une porte, la république sortit par l'autre ; la seule difficulté fut de savoir qui serait le maître parmi tous les ambitieux qui se disputaient le pouvoir.

Il y a, du reste, une objection terrible à faire valoir contre ces républiques de la Grèce et de Rome, si fières d'elles-mêmes et si ridiculement vantées par les sophistes du XVIIIe siècle. Cette objection résume toutes les autres, et en la présentant avec les faits historiques qui lui servent de base, l'auteur eût sans doute donné à sa thèse générale une force nouvelle et considérable. Cette objection, c'est que les républiques de la Grèce et de Rome étaient justement constituées à rebours, en opposition flagrante avec les droits de l'humanité. En effet, les sociétés politiques sont pour les individus, et non pas réciproquement ; la personnalité humaine ne doit pas disparaître dans cette fiction qui s'appelle l'État. Or, on sait que les républiques de l'antiquité n'étaient que l'organisation du despotisme le plus étendu et le plus brutal. L'esclave était sacrifié au maître, la femme à l'homme, l'épouse au mari, l'enfant au père, le citoyen à la chose publique. L'individu, la famille, les biens, la dignité, le corps, l'âme elle-même, tout était la propriété absolue, disons mieux, la proie des gouvernements. Qu'est-ce qu'une patrie libre du joug étranger et illustrée par la gloire des armes, quand tout ce qui porte le nom d'homme y est défiguré, méconnu, avili, opprimé, violé dans la plus noble portion de son être, dans ses droits les plus chers et les plus imprescriptibles ?

Voilà, certes, de graves préjugés contre la bonté réelle de la forme républicaine. La France consentira-t-elle à descendre au niveau des anciens peuples ? Si la liberté politique absorbe et dévore la liberté civile, la France, qui est jalouse de la première, ne tient-elle pas à la seconde par ses traditions et ses besoins présents, par son histoire et son caractère ? Si les richesses, le luxe, le progrès des sciences, le goût des arts, l'amour du bien-être, sont la civilisation dans une monarchie, la corruption, l'agonie, la mort dans une république, la France n'est-elle pas monarchique bien plus que républicaine ? L'auteur le pense et le dit : c'est là sa réponse à la seconde question qu'il a tenté de résoudre.

Pour nous, une chose nous frappe, et nous la dirons aussi : la France ne croit guère à la république et guère à la monarchie. Elle se demande comment tout s'use si vite entre ses mains, et ce qui résultera de tant d'expériences douloureuses. Le bien et le mal ne sont pas dans les formes politiques, encore qu'à vrai dire les formes politiques ne soient pas sans influence sur la prospérité et la paix des Etats. Mais après tout, les formes politiques sont-elles leur propre sauvegarde ? Non assurément. Elles ont donc besoin de s'appuyer sur quelque chose d'antérieur et de supérieur à elles, sur des principes d'où elles tirent tout ce qu'elles ont de valeur et de stabilité. Les doctrines, les convictions : voilà la vraie source, la source profonde du bien et du mal des nations. La conscience publique et la loi morale unies ensemble par la notion du devoir : voilà les deux pôles sur lesquels tournent les sociétés.

En d'autres termes, tout gouvernement, quelle qu'en soit la forme, peut durer en France si les Français admettent et pratiquent un droit et un devoir, par conséquent une morale autorisée et définie, et par conséquent encore une religion positive. Hors de ces conditions, il n'y a pas de gouvernement durable, qu'il soit république ou monarchie.

Quand les masses ne croient à rien, comment voulez-vous que toute tête n'ait pas ses vertiges, et tout cœur ses inquiétudes et ses défaillances? comment voulez-vous savoir où elles vont et même où vous les menez? Aussi les peuples s'agitent, mais n'avancent pas. L'incertitude est dans leurs conseils, l'irrésolution dans leurs entreprises, l'impuissance dans leurs actes. On ne parle que de droits à exercer; nul ne s'inquiète de devoirs à remplir. Au milieu de ces erreurs et de cette nuit, la force se prend à douter d'elle-même, le pouvoir marche à tâtons. Non-seulement personne n'obéit; c'est à peine si quelqu'un commande.

Vous cherchez l'ordre! Eh bien! vous ne le mettrez dans la rue qu'à la pointe de l'épée et pour un jour, tant qu'il ne régnera pas dans les cœurs au moyen des croyances religieuses. Vous cherchez la liberté! Eh bien! écoutez un homme qui ne vous est pas suspect: « L'époque, dit Benjamin Constant, où les idées religieuses disparaissent de l'âme des peuples, est toujours voisine de la perte de la liberté. Des peuples religieux ont pu être esclaves, mais aucun peuple incrédule n'a pu être libre. »

Hommes et nations, républiques et monarchies, croyez donc, et vous vivrez. Sinon, non.

G. DARBOY.

www.ingramcontent.com/pod-product-compliance
Ingram Content Group UK Ltd.
Pitfield, Milton Keynes, MK11 3LW, UK
UKHW012134240726
13965UKWH00005B/2177